FÓSFORO
BRANCO

Lívia Cristina LC

FÓSFORO BRANCO

fósforo branco © Lívia Cristina LC 05/2024

Edição © Crivo Editorial, 05/2024

Fotos © Lívia Cristina LC 05/2024

Capa Bia Braz

Edição e Revisão Amanda Bruno de Mello

Projeto gráfico e diagramação Luís Otávio Ferreira

Coordenação Editorial Lucas Maroca de Castro

B748a LC, Lívia Cristina.

Fósforo branco [manuscrito]/ Lívia Cristina LC.

– Belo Horizonte : Crivo, 2024.

80 p.: il., fots., p&b.; 14 cm x 21 cm.

ISBN: 978-65-89032-72-4

1. Poesia brasileira. 2. Criatividade na literatura. 3. Amor na literatura 4. Literatura Brasileira. I. Título

CDD 869.1

CDU 869.0(81)-1

Elaborado por Alessandra Oliveira Pereira CRB-6/2616

Índice para catálogo sistemático:

1. CDD 869.1 Poesia brasileira

2. CDU 869.0(81)-1 Poesia brasileira

CRIVO EDITORIAL

r. Fernandes Tourinho // n. 602 // sl. 502

30.112-000 // Funcionários // BH // MG

crivoeditorial.com.br

contato@crivoeditorial.com.br

facebook.com/crivoeditorial

instagram.com/crivoeditorial

crivo-editorial.lojaintegrada.com.br

PREFÁCIO

"ainda não encontrei
território que me caiba
quintal que me acolha

vivo me derramando
(disforme)
por tentar me conter
(convulsa)",

confessam os versos de um dos primeiros poemas da obra inaugural da artista multitalentosa Lívia Cristina, que, além das letras, se derrama na fotografia, nas artes plásticas e na música.

os versos anunciam o que está por vir: num gesto ambíguo, a poeta publica o íntimo, seus "segredos adivinhados". faísca ali um desejo de traçar bordas para uma vida ardente, febril, famélica. como um outro poema confirma, não se trata de uma autobiografia do vermelho à moda de Carson. em lugar de se perguntar "de que é feito o tempo?", como o protagonista da autora canadense, Lívia parece se perguntar "do que é feita a vida?". a obra, portanto, é, antes, uma cartografia da sua própria existência, o próprio corpo em verso – território propício para se fazer e refazer. o léxico chama atenção pela corporalidade: febre, osso, ressaca, lágrima, seiva, tesão, palpitação, fratura, refluxo, azia, hemoglobina, fome, sono, sede, frio, preguiça, sonho, delírio são as palavras que dão materialidade a essa existência que, na sua controvérsia, inventa-se a partir das centelhas das muitas experiências e criações.

fósforo branco é composto por três partes: "a febre", "a fratura exposta" e "a fruta". em todas elas, Lívia mapeia essa "besta-fera" em versos curtos e letras minúsculas – iguais em sua miudeza e em sua compassividade –, que, tal como vértebras, sustentam a pulsão de vida e a habilidade com as palavras dessa poeta incendiária.

DÉBORA DRUMOND,
mestre em literatura e políticas do contemporâneo pela UFMG.

15 **A FEBRE**

Insuficiente, 17

eu confesso, 18

só sei escrever, 19

um dia meu pai me perguntou, 21

Aos poetas, 23

desvio, 25

e essa pedra angulosa, 27

queria eu, 28

vivo sentindo aquele, 29

o que me acordou foi físico, 30

à esquerda, nas costas, 31

ando pela vida pingando seiva, 32

tem dia que acordo, 33

a vida sofrida, 34

tudo eu sinto pior, 35

eu que sempre fui boa de sono, 36

uma vez há muitos anos, 37

choro devagar, 38

fico até o final, 39

me sinto um pouco um poço, 40

meu medo de viver, 41

Gerião, o monstro vermelho, 42

43 A FRATURA EXPOSTA

não sei o que faço, 44

amor clandestino, 45

Para a primeira mulher que amei, 46

Staring contest, 48

I wanna take your picture, 49

levo uma vida dupla, 50

A saciedade é uma promessa pré-quebrada, 51

faço um trabalho de sísifo, 52

Monotemática, 53

Faz as pazes comigo, 54

o que faço com isso, 55

Me busca em casa, 56

No hablo español, 57

é um requinte de crueldade, 58

uma força aguda me puxa pra baixo, 59

quando morfeu te traz pra mim, 60

Carga frágil, 61

há, 62

a força que eu tive, peguei emprestada, 63

somos boas atrizes, eu creio, 64

amor é crime de guerra, 65

medo e culpa, 66

o céu da minha boca, 67

Vênus de Mim, 68

69   **A FRUTA**

carregadinho, o pé de mexericas, 70

Quatro gatos no diminutivo, 71

Pro marido, 72

aline sei que preciso dormir, 73

Não é nada disso que você está pensando, 74

risada de quebra-mar, 75

o sistema universal, 76

tomo uma palangana de café, 77

uma gata preta, 78

quando ainda não acordei, 79

A FEBRE

INSUFICIENTE

ainda não encontrei
território que me caiba
quintal que me acolha

vivo me derramando
        (disforme)
por tentar me conter
        (convulsa)

careço
de um pasto vadio
um posto mais misto
um bosque mais vasto

não sei bem de onde parto
em qual parte me farto
nem meu destino qual é

só sei do meio-termo precário
que não se encerra nem se escassa
só se esparrama em carcaça

ecoa, escoa, evapora
pelos meus poros afora
espantalhando os
pelos do braço
e os ramos de dentro,
os do recheio

sou um copo meio
vazio meio cheio
porcamente equilibrado
na quina torta
de uma mesa suja

vontade danada de me espatifar

eu confesso
tem coisa que aborto, que afogo
que disfarço feito filho feio
que afasto como um galho torto
que descarto tipo um devaneio

enterro, repiso, sapateio
construo por cima uma casa
(de um andar só)

passo reto sem cumprimentar
finjo que não vejo
culpo a miopia

o tanto que tenho por dentro, no entanto
não dá fé da minha covardia
interdita a fuga, entope as vias
me vejo enjaulada e a grade
adivinha:
sou eu

só sei escrever
como quem empresta
um livro rabiscado

cada marca me abarca
é uma pista
um mapa de mim
um terra-à-vista

só sei escrever
sentindo que quem me lê
abre não um romance querido
lido e relido e antigo
mas uma novela velada
(pero no mucho)

abre e encontra
um bilhete de amor
uma foto amarela
um ingresso de cinema
um embrulho de bala

abre e descobre
um quase círculo tingido
que anuncia
o café
entornado da xícara
e a noite
enforcada na insônia

preciso suportar o perigo de quem lê
decifrar que grifei aquele poema inteiro
(cada verso um devaneio)
porque me lembrou a gente

quero acolher o martírio
de confessar o mistério
com uma anotação íntima
rabiscada por hábito
na lateral vazia
a letra ínfima, bem desenhada

e meus segredos todos
adivinhados no espaçamento
e no silêncio da margem
em abandono, em branco:

tempestade tropical
no litoral da mancha gráfica

quero que me leiam
como quem constata
um osso fraturado

um dia meu pai me perguntou
você já pensou em escrever?

e eu que só penso nisso pensei:

escrevo e sou bicho
espremo meu sumo
e nesse suco me acho:
sou livre, sou peste

escrita é pra mim
nó de tripa, carne rasgada
no fundo aspro da farpa
de cada arame do mundo

rasteira que amansa
camisa de força
liberta e faz troça
me deixa pra trás

escrita inquilina
invade domina
me tranca no porão
e sai pela poeta da frente
com a chave na mão

ocupa o intestino
o grosso e o fino
banquete inventado
causa mortis: inanição

escrita é pra mim
prego no pé
a corda onde bambo
é brisa é maré
me afoga me salva

na onda me sambo
naufrago na valsa

pensei esse tanto e
o que respondi pra ele foi:

já.

AOS POETAS

secos ossos desse ofício
de escavar o cerne
e encontrar seu esqueleto

grupo seleto
de bem ou malditos
que ditam seus fundos
pro mundo espreitar

antes fosse só osso
carcaça
mas dentro desse fosso
se acha
órgão tripa lágrima
toda classe de seiva
e os dentes gastos
com que mastigo
à exaustão
mas é em vão: engasgo

a sede vem bem na hora
que lhe dá na veneta
em acessos súbitos
críticos impulsos

na hora
que lhe dá na telha
com a centelha
mais recente a última
obsessão

nesse ofício de cão
nada tem decência
só ânsia premência
delírio carência
delícia tesão

só descompasso
só palpitação

desvio
com o mesmo
destino
certo

parto
nesse atalho
no avesso do
verso

curso
tromba d'água
num outro
pasto

testo
novas vias
num passo
largo

ergo
edifícios
num campo
ermo

armo
armadilhas
de alcance
curto

morto
sonho raro
de um triste
servo

sorvo
sucos doces
de frutas
parcas

e essa pedra angulosa
que eu nunca adivinharia
na sua mão de rosas

vá lá um espinho fortuito
mas essa arma fria?
esse golpe baixo?
esse soco súbito?

com o desapego de quem
entende a brutalidade do medo
eu tomo seu conselho atirado na cara
com um baque que me quebra os dentes

eu caio arriada, abatida
violentada mas não convencida
por seu argumento
cortocontundente

queria eu
amenizar minhas avarias
aprimorar minhas oratórias
atenuar minhas quimeras

quisera eu
aparatar minhas manias
ataviar minhas precatórias
anuviar minha besta-fera

mas ao contrário é ela
que me exaspera

vivo sentindo aquele
nojento sofrimento
de desdém
aquele que vem
do mesmo rumo
de onde se guarda o vexame

aquele sentimento mesquinho
tosco sujo anêmico
que se gaba,   eu faria melhor
                 mais tocante
                 mais pro fundo
                 mais bonitinho

aí a vergonha
na cara vira e fala
podia fazer, claro, sim sim
por supuesto
mas fez? num fez.

e a gente segue atascada
na traiçoeira segurança
na inoperância calada
no conforto farto da inação

praga presa na algema tardia
no amargo do sonho anulado
talento nunca testado
cassado
antes de caçar seu rumo

(esse poema é uma tentativa de desatolar)

o que me acordou foi físico
ou antes químico
a alquimia do estômago
azia que veio da janta
e do vinho da janta
o refluxo, repuxo do âmago

mas o que me manteve desperta
me embargou o retorno do sono
nessa ânsia que não conhece relógio
(conta pra ela que são duas e quarenta e sete)
foi a ressaca da ideia
bicho geográfico cartografando minha febre

não há sal de fruta pra gruta da alma

à esquerda, nas costas
tenho um hematoma de nascença
uma pancada no pâncreas

mácula escura na pêra da pele
ilha roxa no fraco do flanco
mancha macia na dobra do dorso

médicos (e amantes)
me veem em pelo
se assustam
            – você machucou?

machuquei sim
mas foi antes de nascer
vim de fábrica assim
marcada
no lombo à esquerda
pra ser gauche na vida

mas preocupa não
que dói só por dentro

ando pela vida pingando seiva
cada passo é um pedaço que largo
um talho de couro que se descama
um fio de cabelo, uma lágrima, uma hemoglobina
uma ferida bestinha que inflama

me dreno, me exausto uma gota por vez
cada esquina que cubro eu me dobro
sem esbarrar na chuva que
há de me aguar

não tava era sabendo
que não tem milagre de céu
que encha o poço, a vasilha de dentro
o remédio é cavar a própria bica
acumular no pouco vão das unhas curtas a terra suja
o jeito é ser nascente depois de crescida

libertar esse aguaceiro
esse desassossego
que não dá pra dissecar
nem entender
o que é dor de fome
o que é fome de amor

tem dia que acordo
inadequada

me olho no espelho
vasculho, remexo o entulho
e não sei o que faço
dessa improvável pilha
de matéria orgânica

encaro atônita
só sei suar e doer

e me torno torta
a cabeça turva
a barriga oca
a carcaça tosca
a mordida magra

me desfaço em lascas
me destroço em postas
me caem os pregos
me empenam as cáries
me encurtam as costas

inadequada quando
inadequada quase

a vida sofrida
a cara disforme
o sono inquieto
repensa a proposta

estufa o peito
forja o rugido
com medo arrisca
com medo artista
com medo aposta

larga o emprego
tira o sabático
tenta a sorte
faz o que gosta

escreve um poema
fica uma bosta

escreve o segundo
espera a resposta

o terceiro é já vício
rainha deposta

aí não tem jeito
poeta me encontro
o que trago no peito
é fratura exposta

tudo eu sinto pior
e mais urgente

fome de abismo
sede de litros
sono de tsé-tsé

quente de inferno
frio ferino
fogo de cabaré

dor de presságio
azia de úlcera
tédio de asceta

dizem que é
porque sou taurina
mas
acho que é
porque sou poeta

eu que sempre fui boa de sono
nesse escuro rasteiro
palpito na cama
e não escuto,
mas adivinho
a goteira do chuveiro

em cada pingar
me vazo um pouco
derramo um susto:
me falta o pasto
pra ovelhinha saltar

uma vez há muitos anos
meio do nada me deu
uma vontade danada
de escrever

era um velório, a ocasião
o falecido era um parente querido
que mirava de viés
sorria de esguelha
não tinha medida de fome
compunha uma força de aço
e lhe faltava um pedaço
da sobrancelha

não foi o medo frio da morte que me moveu
não foi seu corpo antigo inerte que me afetou
nem foi a brevidade da sorte que me abateu

foi a viúva:
desamparada, miúda,
um pouco parva e muito surda
que calçava um surrado
chinelo de dedo

choro devagar
lágrimas cansadas
hesitam em desabar

moram um tempo no alto
param pra descansar
nas maçãs do meu rosto
macilento de tristeza

finalmente uma cede
e, no seu tempo,
na sua sede,
desliza duradoura,
paulatina, arrastada,
e estaciona, acumulada,
no precipício do queixo

e eu deixo
porque não tem ninguém vendo

não tenho pressa de sofrer
tenho preguiça

fico até o final
do fiapo de luz
lendo letrux
no quintal

não sou de mar de sal
feito ela
mas de mar de morro

minha onda é química
minha ressaca é a literal
é visceral a minha maré

no entanto
no mergulho dela
na sua sede de imenso
reconheço
meu próprio maremoto
sem cais sem respaldo

letrux, veja bem
em minas eu também
levo caldo

me sinto um pouco um poço
de distante termo
núcleo da terra
despenhadeiro
chão de oceano
de onde se coletou
a conchinha mais insólita

quando alcancei o sólido
irremediável fundo de mim
tomei um impulso esquálido
deselegante, desengonçado
e agora viajo altura acima
sem controle, sem sina
(será?)

quantas léguas mais
nessa sombra
quantos anos-luz
nesse torto trajeto

acho que nunca tem fim
acho que devo ir além

faz parte de mim
descobrir se o destino
será precário
ou estratosférico

meu medo de viver
não é um monstro
de mil tentáculos
não tem dente-faca
não é besta-fera

não é cão sarnento
não é mar aberto
é um medo quieto
é um desperdício

meu medo de viver
é um papercut
ao qual dediquei
dimensões de precipício

GERIÃO, O MONSTRO VERMELHO

tenho, como o gerião da anne carson,
um reprimido par de asas, inquieto e carnudo
escondido sob um enorme sobretudo

traço relapsa minha autobiografia
não do vermelho, mas talvez do absurdo

me escondo também atrás da lente
da câmera, uma máscara incompetente
e, por sorte ou revés, às vezes os clicks
são toda notícia que se tem de mim

e enquanto meu amor,
entidade autônoma rebelde anarquista,
vaga aventureiro solto a caçar vulcões,
eu me gasto me queimo me arrasto
enluvada na minha própria lava

A FRATURA EXPOSTA

não sei o que faço
dessa latência
dessa bi furcação
dessa am bi valência
múltipla falência
de mim como órgão
da ordem social

no final eu falho
entre o vão e o falo
não sei pronde viro
me perco e me calo

amor clandestino
roendo as roubadas
toleradas beiradas
do tempo e do espaço

alheia a enlaço
esqueço que é breve
esqueço que é pouco
esqueço que é escasso

de canto de olho
vi tudo no espelho
me achei muito linda
com ela nos braços

PARA A PRIMEIRA MULHER QUE AMEI

a gente é menino pequeno
brincando de esconde-esconde:
tampa a carinha atrás da cortina
a bunda toda de fora e jura
que é invisível

é que é impossível
esse nosso segredo
que a gente sussurra
em frontes garrafais
no outdoor da testa
e que escapa de cada fresta
dessa cidade casta

minha indiscrição não está sozinha
você sabe o vermelho que sobe
pras estrelas da sua face
e o incêndio que cabe
no âmbar dos seus olhos
quando olham pra mim

a gente tenta mesmo assim
disfarça de boa moça
etc(h)étera e tal

que isso, haha, nada a ver
somos só
amigas, muito amigas
muito, melhores amigas
meu deus que amiga boa essa

mas é bicho indomado
correndo solto saltando largo
esse segredo gritado

é como a calcinha da gente
quando o vestido prende
por dentro da meia-calça

é íntimo assim
é trágico assim
é óbvio assim
minha bunda tá toda de fora por você

STARING CONTEST

te vejo te encaro
aposto faceira
quem pisca primeiro:

eu ou
o olho do furacão

I WANNA TAKE YOUR PICTURE

e a gente no cinema vendo desobediência
coladas na cadeira, tensão suspensa
com um medo surdo e vontade doida
de desobedecer

medo de olhar pro lado e
1. encarar refletido no seu rosto o drama alheio
2. enxergar a projeção do nosso drama próprio
3. nunca mais parar de querer ver

medo de esticar o mindinho
um tiquinho
pra roçar na sua mão
e ao sair do salão
encontrar um mundo mudado
sem pedra sobre pedra
sem volta, sem chão

depois dessa noite
quantas outras levei
pra entender?

não entendo como, mas levei anos.

levo uma vida dupla
rota vendada
venda casada
pague um sofra dois

mas não sei se é bifurcação
ou
se é fruta de casca grossa

se é da direita pra esquerda
ou
se é de dentro pra fora

é alternativa? ou imperativo?
é carro tombado ou carro batido?

e se eu tivesse partido
tomado rotas mais degeneradas
vias desviadas, veia de viada

onde estaria?

A SACIEDADE É UMA PROMESSA PRÉ-QUEBRADA

o fato é que não aconteceu nada
mas meu corpo atesta: há controvérsia

pra não corromper
a natureza daquele abraço
me debati furiosa
numa camisa de força

rebentava vencida
sem enxergar saída
pra onde resvalar

saí desse embate abatida
aliviada de não ter pecado
mas devastada
pela febre embargada

foi todo um traslado brusco
pra um beiral de penhasco
onde faz louco calor
e não há ar que baste
pra fundura do fôlego

o corpo reage num ritmo urgente
o coração desaprende seu tempo
num desespero mole, quente
numa fome sem borda nem tampa

o toque é um descanso ofegante
é como arremeter iminente
lá do piso profundo de um corpo d'água
        opressivo e escuro e opaco
e emergir num tranco
enfim encontrando o ar

só pra então ela me alterar
em fósforo branco

faço um trabalho de sísifo
mas, em vez da mesma
enorme pedra,
carrego, em cada escalada,
calada, pesada,
uma única migalha
de nós duas

um cisco, um caquinho,
um detalhe, um cascalho,
uma farpa, uma lasca,
um instante, afanado
(minúsculo, infinitesimal,
mas maciço, colosso)

faço um trabalho de sísifo
mas nessa nossa mitologia
a pedra é um sub-reptício
romance sáfico

MONOTEMÁTICA

I write for you, my Sue
for you alone

se emily que é emily tinha sua obsessão
e se ana martins marques fez
uns tantos (lindos!) poemas só sobre cigarro
também eu posso escrever sem parar
sobre essa outra coisa que queima
neste caderno de capa azul

my Sue
preciso escrever
não tem remédio
read me if you can
sue me if you have to

FAZ AS PAZES COMIGO

de paz não tem nada, eu sei
a gente é conflito, é ruído
cambalhota viração rebuliço

mas nesse auê tem um quê
de descanso
uma paz de destino
um calor de remanso
maremoto descalço
foguete de balanço
cadeira de artifício

cansei de me debater
de me debulhar
navegar nos destroços
catando pedaços
vivendo improvisos
migalha e caroço

um dedo que beira
um joelho por baixo da mesa
um abraço de lá,
um mucado só mais longo
pra ninguém reparar

um olhar intenso caído
no canto onde coube, furtado
um sorriso triste, calado
que só aconteceu
pros seus olhos

cansei desse jogo cruel
desse crime sem réu
guerra sem inimigo

por favor
faz as pazes comigo

o que faço com isso
que você me disse?
como engulo, como mastigo
assim sem azeite, assim de castigo
(não seu, mas do destino)

o que faço com a dor que me encara
quando te vejo, quando me enquadro
no espelho e ele me mostra de volta
lá no fundo por trás dos olhos
esse mesmo receio só em preâmbulo
bem enterrado, sonâmbulo

enterrado vivo, no entanto
a vida desmancha se ele se solta
a vida desmolda, a santa
de barro despenca do andor

andei devagar mas o caminho era outro
andei pecando muito rezando pouco
andei com cuidado pra não derrubar
andei encenando sorrindo acenando
andei tropeçando no lucro do azar

me dói sem medida esse medo
me acorda de noite
me assombram seus olhos
vazios de raiva, só verdes de mágoa
um verde mais triste que o outro

ME BUSCA EM CASA

passou marcha com a mão errada
pra não desengatar a direita da
minha esquerda

seus olhos na estrada
os meus em você

mais tarde minha mão direita
acelerava
numa via bem mais estreita

curva perigosa, essa sua
pista molhada no chão da sua rua

NO HABLO ESPAÑOL

eu sinto que sempre sofro sozinha
um tanto de ésse que talvez tivesse
que ser cê
de conjunto:
o conosco da dor
que só eu conozco
(por enquanto)

injusto sofrimento de mão única
sinto que tô penando à prestação
e que você vai pagar à vista
o hasta la vista

conjugo sozinha essa dor conjugal
só eu doo
não de doar, mas de doer
subverto o defectivo do verbo
pra parecer com a vida:

cheia de defeito
e sem cerimônia nenhuma
nem com a presunção da gramática
nem com o desconsuelo da gente

é um requinte de crueldade
que sonhos gerem memórias
intensas, insolentes, táteis
grudadas numa tela atrás dos olhos
vivas, embaçando a vista já turva
distraindo o raciocínio já parco

sonhos macios, sonhos de afeto
memória-martírio

sonhei:
eu era um polvo de tentáculos ávidos
inquietos no enlace da presa
que de bom grado
se abandonava ao meu grip

oito vários membros sôfregos
como se naquele abraço delirante
(menos onírico que os reais)
estivesse:

- o sossego da culpa
- a cura da fome
- o alívio do peso

havia ainda um pescoço suave
estrelado, em que eu me abrigava
criança travessa
querendo estar perto
tão tão perto
que atravessasse

queria me desdobrar
em duas dimensões
numa estar desperta
noutra ser só polvo

uma força aguda me puxa pra baixo
me empurra pra dentro
de uma caixa de schrödinger afetiva
onde não sei se vivo ou se deixo morrer

mas não morre
o problema é que não morre
tem anos e não morre
tá doente e não morre

eu sufoco e não morre
fujo e não morre
enfrento e não morre
combato e não morre

converso, calo, rio, choro
corro, brigo, analiso, ignoro
tento um tanto e tudo de novo

e dá uma angústia
porque parece que só
prospera
            urgente
                    e espera

aberta a caixa, ou fechada,
tanto faz: não é relativo;
é fato, é certo, é devido:
tá vivo.

(e os escafandristas virão)

quando morfeu te traz pra mim
não sei se é presente ou castigo

te vivo na vida dos sonhos
num desalívio incompetente

será que tudo teria
a mesma premência
se fosse permitido explorar
pôr à prova de resistência?

se a gente pudesse
se lamber sem pressa
se encarar às claras
se abraçar com calma
se beijar à toa
se adular sem culpa?

CARGA FRÁGIL

a memória do músculo
sabe de cor a logística
faz sem pressa o frete
das suas estrelas pro céu
da minha boca

a gente desvia na mesma rota
e empena a espinha
pro mesmo lado
quando chega lá

há
um tsunami suspenso no meu
ar

temos, ele e eu,
um acordo tácito:
ele só desaba se
eu der o primeiro passo

não tenho energia pra desastres
(talento sim, mas não disposição)
então me quieto paradinha
a evitar sua queda no chão

fico apavorada, só encarando,
prevejo o estrago
calculo sua dimensão

mas ele é ardiloso
descumpre o contrato
e sempre que te vejo
desmorona completo

                    "olha o que você faz comigo"

é só eu obedecer
olhar por um átimo
e no átimo próximo
já me vejo náufraga
esbaforida, desajeitada

sem saber se fico
e ouço o canto da sereia
ou se ao contrário luto
pra voltar pra areia

(spoiler: é movediça)

a força que eu tive, peguei emprestada
colhi dos seus olhos, tirei da sua fala
e o espetáculo foi tão intenso...

       [o olhar redondo
       aflito depois lânguido

       as ruguinhas na testa
       franzida de angústia

       a boca de voz macia
       selando meu destino]

... que perdi o natural do fôlego
prendi o ar pra me atirar

e eu
que falo três idiomas e meio
não achei sequer um morfema
pra articular meu devaneio

somos boas atrizes, eu creio
é que a força do receio
enferruja as articulações
domina os movimentos
estaciona os impulsos

só não governa os olhos
[anarquistas, os olhos]

os seus bem abertos
voando vindo pra mim
desde o outro lado do mundo
ou da mesa

os meus sendo içados puxados
pelo calcanhar de aquiles
arrastados direto praqueles
detalhes que só existem pra eles

[
sua boca vermelha (vejo)
macia (sei)
feroz (adivinho)
]

mas somos boas atrizes, eu creio
uns anos de treino
ninguém deu notícia
do nosso pequeno e mudo
teatro do absurdo

amor é crime de guerra
não é justo, não é casto
amor hediondo, amor nefasto

não é doce não é sereno
é sangrento, sebento, exausto
amor mau-caráter, mesquinho
sedento, cretino, mas nunca falso

sargento de lutas lentas
brutas, peçonhentas
rancor de batalha
leviana, violenta

ruína, trapaça, anomalia
sequestro sem dó de resgate
abate sem pedido último
fuzila num átimo
sem ave-maria

amor é crime de guerra
injúria com agravante
ontem incendiário
hoje atentatório
sempre inebriante

medo e culpa
são as joias mais preciosas
com as quais me ~~enforco~~ enfeito

velha prata da lei
de talião:
olho por olho
sente por mente

sigo nesse crime ardente
extorquindo, sonegando afeto
mas é alta a multa (mea culpa)
e é dura a pena (peito inquieto)

o céu da minha boca
recorda a sua língua
abriga as estrelas
que seu corpo esbanja

me arrasto no alarme
mergulho na fossa
quem sabe não possa
voltar pra sua cama

desfaço essa trama
em petição de miséria
a matéria me escapa
pelos dedos que tremem

e num contrassenso resisto
com todas as minhas
forças às forças
sempre maiores
dessa intempérie
que a gente é

VÊNUS DE MIM

quero passear seu corpo
alisar com os dedos os pelos
eriçados pelo meu toque
no mais dedicado paradoxo

com os polegares descobrir
os limites ao sul dos seus seios
encosta de morro onde quero
morar pra não morrer

quero retraçar o caminho das veias
e com o mapa antigo do desejo
navegar irrigados canais
                    me afogar
cartografar a planície das sardas
semear os grãos de beauté
vê-los florescer

quero desbastar os ângulos
constatar cada relevo
desamarrotar de leve
os vincos de um sono morno

e, num afeto surdo,
com um afago por vez,
desgastar da sua pele a tristeza
até te fazer reluzir dourada
como as polidas partes de estátuas
que os turistas acariciam
pra dar boa sorte

a boa sorte que eu quis
era esta:
passear seu corpo, de novo e de novo
com o mesmo encanto de quem encontra,
pela primeira vez, paris

A FRUTA

carregadinho, o pé de mexericas
ainda verdes que em breve serão
comida de jacu
e de mim
e do meu pai
(que eu sempre levo umas pra ele
perfumar a casa e a mão)

a ele e a mim
também nos cabe
também nos coça
por herança genética
por troça do destino
aquela timidez meiguice
teimosia de menino
também nos cabe
ser jacu da roça

embrião de aroma
            mexeriqueira
cor de limão bandeira

tracei na coxa de madrugada,
com o dedo (como quem desenha na areia)
o formato da bandeira brasileira
com um limão na ordemprogresso
pra não deixar esse verso
cair nos braços de morfeu

aí pronto só faltava essa
a jacu-menina se inventar poeta
no limbo do sono
com pressa no breu

QUATRO GATOS NO DIMINUTIVO

Guegué dorme torto
Bibi dorme torto
Sushi dorme torto torcido
Amora dorme croissanzinho

Ba guegue te pãozinho
Pretinha pançuda
Marulha pombinho

Bibi ressa bibi ada
Não gosta de nada
Desvia o corpinho

Sushi moço doce
Desmancha e retorce
Pedindo carinho

Amora princesa
Tronquinho miúdo
Miado fininho

Cada um mais que o outro
Anuvia minhas vias
Alergia minha pele

Sigo alegra
Espirro muito e amo muito mais
Sou feita de afeto
e anticorpo

PRO MARIDO

coisa mais boa do mundo
é no meio da rota do sono
achar um atalho pro seu corpo morno

me vem uma paz de feriado
de dia fresco com sol atrasado
de brincar na areia com um adulto vigiando

me atinge uma paz de sonâmbulo
quando no pêndulo lerdo da noite
encontro o preâmbulo da sua presença

aline sei que preciso dormir
mas que culpa tenho eu
se a musa que me cutuca o ombro
me chuta a bunda no breu

afunda roxas minhas olheiras
e sopra no meu esôfago
um poeminha sôfrego
sobre mexericas e família

ela é boêmia
é na hora alta que
me atormenta
ora bondosa de fruta
ora sedenta
de coisa mais funda

musa me deixa dormir
vê se não abusa
amanhã acordo cedo
tenho um compromisso
inadiável seríssimo:

encarar os cantos
procurando você
que no claro do dia é claro
que me abandona
recolhe a teta
se recusa
cadê?

NÃO É NADA DISSO QUE
VOCÊ ESTÁ PENSANDO

de noite me estico
com a mão espalmada
e pouso meus dedos
no quê do seu corpo
consigo alcançar

às vezes o dorso
às vezes a frente
a mão no seu quente
me acalma me assente
me diz que está lá

de noite no escuro
te toco no ventre
por cima do muro
canção de ninar

risada de quebra-mar
amigo-marido
olhar dele
remanso tranquilo

direito uma cor, mais terra, mais a-
marelo
esquerdo outra cor, mais folha, mais ar
singelo

dois verdes, dois tons
de outono

amigo marido
macio do braço
carinho de três vidas atrás

te amo tranquilo
amigo-marido
te amo infinito
amigo de amar

o sistema universal
de distribuição de bichos

não me dá trégua
não me dá pato
não me dá égua
só me dá gato

já tenho quatro
e ale g   ia pro resto da vida
     r   r

o que faço com
pagu leopoldo hans petit luke frederico toddynho
a não ser dar comida e um carinho

trocando em miados,
me adota um gatinho?

tomo uma palangana de café
pra destrancar os olhos
pra destrançar os cílios

careço de um levanta-defunto
depois dessa insônia de azia
e outras queimações mais místicas

uma gata preta
uma planta murcha
e eu
com livro e caderno na mão

população pacata
duma mancha pálida
de sol
na pedra fria e rachada do chão

quando ainda não acordei
mas já não durmo
minha cabeça escreve sozinha

p r e e n c h e

o s   l e n ç ó i s

d e   l i n h a s

quantos poemas já não perdi
porque não quis e não saí
do quente da sua conchinha

CRIVO EDITORIAL

r. Fernandes Tourinho // n. 602 // sl. 502
30.112-000 // Funcionários // BH // MG

- crivoeditorial.com.br
- contato@crivoeditorial.com.br
- facebook.com/crivoeditorial
- instagram.com/crivoeditorial
- crivo-editorial.lojaintegrada.com.br